LE GRAND MÉNAGE

Deuxième tirage Éditions Soliflor
29, avenue de l'Armée – BE 1040 Bruxelles
www.soliflor.be

© éditions Thomas Mols
13, rue de Genval – BE 1301 Bierges
www.editionsthomasmols.com

RAFFA

LE GRAND MÉNAGE

Mes recettes pour une maison propre naturellement

Illustré par
Sandra Cabezuelo Bertozzi

Soliflor

Note des éditrices

Nos placards sont encombrés de produits chimiques, polluants, chers et pas toujours efficaces, un pour la plaque de cuisson, deux ou trois pour la salle de bains, d'autres pour le petit coin, pour les sols, pour ceci, pour cela… Ce douloureux inventaire à la Prévert sonne comme un appel au secours, une urgence de premier plan. Ce n'est plus possible !

Nous avons rencontré Raffa, biologiste et écologiste convaincue, qui recherche, expérimente et rassemble depuis des années de bonnes idées touchant à une façon d'être et de vivre plus authentique et en accord avec notre environnement proche. Avec des recettes simples, elle nous compose des produits ménagers efficaces, respectueux de notre santé et de notre environnement, et cerise sur le gâteau, plus sympas pour notre portefeuille.

Alors voici **Le Grand Ménage**. Vous trouverez au fil des pages, classé par thème, tout ce dont vous avez besoin pour votre « grand ménage » : dans une *première partie* les ingrédients et le matériel pour fabriquer vous-même vos produits d'entretien maison et, dans une *deuxième partie*, comment les utiliser dans la cuisine, la salle de bains, pour les sols, les meubles, les vitres, la lessive, la vaisselle etc.

Après la lecture de ce livre, vous changerez vos habitudes ! Comme vous avez déjà, sous la main, une partie du matériel et des ingrédients indispensables, vous vous procurerez vite le reste avant de vous lancer dans l'aventure merveilleuse des produits «home made». Vous jubilerez de personnaliser les recettes de Raffa selon vos besoins et vos envies.

Une chose est sûre, comme nous l'avons testé nous-mêmes dans toute la maison, vaisselle et lessive incluses, vous serez très vite emballées. Sans l'ombre d'un regret pour les produits que vous utilisiez avant, vous dégraisserez en un instant, décalcariserez en douceur et parfumerez délicatement la maison aux senteurs de votre inspiration.

Anne t'Serstevens   Bernadette Mols

À toute l'équipe du **Grand Ménage**,
Anne, Hélène, Laurent, Naomi, Stéphanie, Sonia et Sylvianne,
avec toute mon amitié et toute ma reconnaissance.
Raffa

Avant-propos

Allergies, asthme, maladies respiratoires chroniques, stérilité, migraines, cancers, malformations congénitales et autres sont en constante augmentation, en particulier dans les pays occidentaux. Chez de nombreuses espèces animales, en particulier aquatiques, souvent menacées de disparition plus ou moins rapide, on observe des maladies inconnues jusqu'alors.

Depuis une trentaine d'années, les preuves épidémiologiques s'accumulent : ces maladies sont toutes, plus ou moins directement, déclenchées ou aggravées par le cocktail chimique sans précédent qui nous entoure. Les toxiques sont en effet présents partout : dans l'air que nous respirons et l'eau que nous buvons, dans notre alimentation, nos produits d'entretien, nos murs, nos meubles, nos appareils électriques, nos vêtements, nos cosmétiques, les jouets de nos enfants, les emballages de nos produits, nos médicaments, nos déchets.

*Qui est responsable de cette pollution ? L'industrie bien sûr…
mais en partie seulement. Il est indéniable que de nombreux
produits chimiques ont considérablement contribué au bien-
être des générations d'après-guerre. Manger ce que l'on veut en
toute saison, ne plus avoir trop chaud ou trop froid, s'habiller à peu
de frais, ne plus passer son temps à nettoyer ou à lutter contre les
plantes et insectes indésirables au jardin, se déplacer quand et où
on veut etc. Peu d'entre nous accepteraient un retour en arrière.
Une certaine pollution était donc probablement inéluctable.*

*Mais nos sociétés ont-elles encore besoin de produire et de polluer
autant ? En tant qu'électeurs et consommateurs, nous sommes collec-
tivement responsables de la pollution excessive que nous subissons.
Elle est en effet la conséquence directe de nos comportements et de
notre surconsommation.*

*Par exemple, avons-nous réellement besoin de tous ces produits d'en-
tretien et autres désodorisants, tous plus toxiques les uns que les
autres (même fermés) et dont les effets à moyen et long termes, seuls
ou en synergie, sont encore inconnus ? Avons-nous besoin de vivre*

dans un milieu javellisé qui ne provoque que baisse de l'immunité et résistance des bactéries pathogènes ? Des solutions alternatives existent pourtant. Il est grand temps que nous commencions tous ce Grand Ménage.

Raffa

Les techniques et recettes de ce livre résultent de la compilation d'expériences personnelles et d'informations en provenance de plusieurs sources. Elles sont proposées « telles quelles » à des fins éducatives et informatives, sans promesses, garanties ni conditions, explicites ou implicites. Les huiles essentielles en particulier sont des produits actifs puissants et donc potentiellement dangereux.

Les ingrédients

LES INDISPENSABLES

Je les ai classés en fonction de leur utilité pour un ménage écologique et selon la fréquence à laquelle je les utilise.

L'EAU - H2O

Elle est indispensable pour la préparation des produits et le nettoyage proprement dit. Pour être efficace dans ce cadre, il faut augmenter ses propriétés tensioactives (mouiller et détacher la graisse) en la chauffant et/ou en y ajoutant certains produits (cristaux de soude, savon…).

L'AIR

Le mobilier, les jouets, les produits utilisés, les peintures, le lino ou la moquette émettent pendant toute leur vie des molécules volatiles toxiques qui s'accumulent dans nos habitations. L'air intérieur est en général plus pollué que l'extérieur. L'aération quotidienne (au moins 10 minutes, même en hiver) est donc indispensable. L'air froid et la lumière (rayons UV) ont, par ailleurs, la capacité d'éliminer ou de ralentir le développement des bactéries, acariens etc.

LE VINAIGRE D'ALCOOL – CH3COOH

C'est, avec le bicarbonate de soude, l'ingrédient de base de mes recettes de ménage. Il remplace, seul ou accompagné des autres ingrédients indispensables, une grande partie des produits d'entretien classiques.

Autres noms : vinaigre blanc, vinaigre cristal.

pH : 3,5 à 5.

Apparence : liquide transparent comme de l'eau.

Fabrication : solution aqueuse d'au moins 6 % d'acide acétique préparée par fermentation de vinaigre, d'alcool et de betteraves.

Propriétés : conservateur, dégraissant, désodorisant,

détartrant, antiseptique, antiparasites, antifongique…

Coût : moins de 1 € le litre.

Consommation pour une maison : +/- 1 litre tous les mois.

Où le trouver : vinaigre « premier prix » en grande surface. On peut choisir du « vinaigre de ménage » le moins trafiqué possible (composition idéale : eau + acide acétique).

Alternative : il peut souvent être remplacé par du jus de citron ou de l'acide citrique (en poudre, 2 à 5 cuillères à soupe par litre d'eau).

LE BICARBONATE DE SOUDE – NAHCO3

Comme le vinaigre, il remplace bien des produits du commerce ou augmente l'efficacité des autres. Il nettoie et désodorise du sol au plafond. Je l'achète au kilo et le conserve dans un bocal en verre de récupération bien étiqueté. Comme je l'utilise souvent, par petites doses, j'en ai toujours à disposition dans une salière ou un petit pot à épices, bien étiqueté lui aussi, près de l'évier de la cuisine et dans la salle de bains.

Autres noms: bicarbonate de sodium, hydrogénocarbonate de sodium, carbonate acide de sodium, carbonate monosodique, sodium bicarbonate, soda, baking soda, natrum bicarbonatum, natrii hydrogenocarbonas, soda à pâte et, pour les Canadiens, « petite vache ».

Attention: ne pas le confondre avec son grand frère, le carbonate de soude (cristaux de soude) ou avec la soude caustique NaOH (très dangereuse).

pH: 8 à 8,5.

Apparence: poudre fine blanche (comme du sel en plus doux).

Fabrication: à partir de carbonate de soude, d'eau et de CO_2.

Propriétés: neutralise les acides et donc de nombreuses odeurs, abrasif doux, nettoyant, adoucisseur d'eau.

Coût: de 1,5 € à 5 € les 500 g.

Consommation pour une maison: +/- 250 g/mois.

Où le trouver: magasin de bricolage, droguerie ainsi qu'aux rayons sel, produits d'entretien ou savons dans les grandes surfaces.

Alternative: pour l'entretien ménager, il peut être remplacé par les cristaux de soude. Par ailleurs, l'argile, la craie (carbonate de calcium, blanc d'Espagne, blanc de Meudon) ou la poudre de pierre ponce ont des propriétés abrasives similaires.

LES CRISTAUX DE SOUDE - NA2CO3

Je les utilise surtout pour le lavage du linge, le nettoyage des sanitaires et le dégraissage difficile comme celui du four. Je les conserve dans leur emballage d'origine ou dans un bocal en verre. Il peut arriver qu'ils prennent en masse ou se dessèchent mais cela n'a pas d'influence sur leur efficacité.

Autres noms : carbonate de soude, carbonate de sodium, soda ash, washing soda, natron.

Attention : ne pas confondre le *carbonate de soude* avec son petit frère le *bicarbonate de soude* ou avec la soude caustique NaOH (très dangereuse). Plus basique que le bicarbonate, il peut être irritant pour les peaux sensibles. Ne pas avaler. Tenir hors de portée des enfants.

pH : 11,4.

Apparence : petits cristaux translucides qui deviennent blancs à l'air.

Fabrication : ils sont soit extraits directement de

gisements ou de lacs salés, soit synthétisés à partir de chlorure de sodium (sel) et de calcaire.

Propriétés: ils neutralisent les acides, décomposent les matières organiques (les taches alimentaires par exemple, mais aussi les bouchons des canalisations) et saponifient les graisses (ils les transforment donc en savon). Enfin, ils réagissent avec le calcaire de l'eau, permettant d'augmenter l'efficacité du savon et des détergents en général. Utiles pour le nettoyage de l'émail (baignoire, cuvette de la toilette, lavabo...), pour la lessive, pour adoucir l'eau, déboucher la plomberie (bouchon organique seulement), nettoyer les sols, nettoyer en général (dégraisser)...

Coût: prix indicatif, moins de 2 € les 2 kg.

Consommation pour une maison: moins d'1 kg/mois.

Où les trouver: magasin de bricolage, droguerie ainsi qu'aux rayons produits d'entretien des supermarchés.

Alternative: pour dégraisser, le savon noir.

LES HUILES ESSENTIELLES - HE

Mes produits d'entretien maison sont non seulement efficaces, écologiques et très économiques, mais aussi, grâce aux huiles essentielles (HE), ils parfument la maison, assainissent et désinfectent au besoin.

Autres noms : essences, HE, HECT.

Attention : Les HE s**ont dangereuses**. Elles se dosent en gouttes et **ne s'utilisent jamais pures. Ne pas dépasser le dosage recommandé.** Certaines HE sont dermocaustiques. Les HE par voie interne peuvent être très **toxiques.** Tenir hors de portée des enfants. Les enfants de moins de 7 ans et les chats sont particulièrement sensibles aux HE.

Apparence : liquide plus ou moins visqueux et plus ou moins coloré. Très odorant.

Fabrication : en général par distillation de plantes.

Propriétés : désinfectante, antiseptique, antiputride, bactéricide, bactériostatique, antifongique, assainissante, répulsif insectes, odorante.

Coût: variable. Selon les HE, de 4 € à 10 € les 10 ml.

Consommation pour une maison: variable selon l'utilisation. Chaque flacon peut durer 1 an ou plus.

Où les trouver: magasins spécialisés, épicerie bio, herboristerie, pharmacie… Attention à celles que vous trouverez en grandes surfaces.

En pratique, j'ajoute dans mes produits à préparer à l'avance quelques gouttes d'une synergie de deux ou trois huiles essentielles (HE), selon ce dont je dispose. S'il fallait n'en choisir que deux, ce serait l'HE de citron (produit vaisselle, produit d'entretien des meubles en bois, crème et pierre récurantes) et l'HE de tea tree (désinfectant, produit WC) toutes deux très polyvalentes pour l'entretien de la maison.

Comment les utiliser?

- 15 à 20 gouttes d'HE au total dans 500 ml de savon liquide écologique (déjà antiseptique) pour en faire un nettoyant universel.

- 20 gouttes dans un vaporisateur contenant 500 ml d'eau vinaigrée (1/2 eau, 1/2 vinaigre) pour assainir l'atmosphère (agiter avant emploi).

- 2 cuillères à café dans 500 ml d'eau vinaigrée (1/2 eau, 1/2 vinaigre) pour l'entretien des toilettes (agiter avant emploi).

Huiles essentielles	Propriétés pour le ménage
Citron (*Citrus limon*) Zeste.	Antiseptique +++, antibactérienne +++, antivirale.
Pin sylvestre (*Pinus sylvestris*) Aiguilles.	Antiseptique +++.
Eucalyptus (*Eucalyptus radiata* *ou Eucalyptus globulus*) Feuilles, rameaux.	Antiseptique, antibactérienne ++, antivirale +++.
Sapin (*Abies balsamea*) Aiguilles.	Antiseptique ++.
Menthe poivrée (*Mentha piperita*) Sommités fleuries.	Antiseptique, antibactérienne antivirale, fongicide, vermicide.
Lavande aspic (*Lavandula spica* *ou Latifolia cineolifera*) Sommités fleuries.	Antiseptique, bactéricide, antivirale, fongicide, antimite.
Citronnelle (*Cymbopogon nardus*) Herbes.	Antiseptique, antibactérienne répulsive insectes.
Pamplemousse (*Citrus paradisii*) Zeste.	Antiseptique aérien.

Artillerie lourde	
Tea tree *(Melaleuca alternifolia)* Feuilles.	Antibactérienne puissante à large spectre d'action + + +, fongicide + +, parasiticide + +, antivirale + +.
Cannelle *(Cinnamomum cassia ou Cinnamomum verum)* Écorce.	Antiseptique, antibactérienne très puissante à très large spectre d'action + + + +, antivirale + + +, fongicide + + +, parasiticide + + + +. Ne pas en mettre beaucoup, odeur très forte !
Thym *(Thymus vulgaris)* Sommités fleuries.	Antibactérienne majeure à large spectre d'action + + +, antivirale + + +, parasiticide (thym à linalol).
Girofle *(Eugenia caryophyllus)* Bouton (clou).	Antibactérienne très puissante à large spectre d'action + + +, fongicide + + +, parasiticide + + +, antivirale + + +.

Dans le tableau, les petites croix (+) indiquent la puissance d'action des HÉ. Attention, la cannelle *et le* girofle *peuvent être dermocaustiques.*

25

LES SAVONS

Le savon est fabriqué à partir de soude (NaOH) ou de potasse (KOH) et de triglycérides (graisse animale ou huile végétale). Plus l'eau est dure (calcaire) plus son efficacité diminue. L'adjonction de cristaux de soude (ou de bicarbonate) permet de remédier à ce problème.

Le savon noir

Autres noms : savon mou, savon potassique.

Attention : souvent très concentré. Peut irriter les peaux sensibles. Ne pas avaler. Tenir hors de portée des enfants.

Apparence : liquide très visqueux brun doré à brun noir, vert. Il ne mousse pas, ou peu.

Fabrication : à partir de potasse et d'huiles végétales (lin, olive, noix, maïs…).

Propriétés : très dégraissant et détachant. Il permet de dégraisser les hottes et les fours, de nettoyer les vitres, d'enlever les taches de goudron ou de décaper la peinture à l'huile. Il peut aussi être utilisé comme détachant avant lavage (attention aux textiles fragiles), comme produit de lessive ou détergent de lave-vaisselle.

C'est également un antiseptique et un insecticide très efficace. Il nettoie en profondeur, fait briller, nourrit et protège les surfaces, en particulier les ardoises, le marbre, tous les carrelages ou les linos.

Coût: dépend de la qualité (cette dernière influence sa biodégradabilité). +/- 5 € le litre.

Consommation pour une maison: moins de 500 ml par an.

Où le trouver: droguerie, épicerie bio, certaines grandes surfaces.

Alternative: il peut, dans certains cas, être remplacé par les cristaux de soude qui sont très dégraissants, eux aussi.

Le savon de Marseille

Fabrication: à partir de soude (NaOH) et d'huiles végétales (olive, arachide, coco, coprah, palme, palmiste) ou de graisse animale (savon industriel). Les savons de Marseille industriels contiennent aussi de nombreux additifs, ce qui diminue leur biodégradabilité.

Apparence: en bloc, en copeaux ou paillettes, blanc à vert.

Propriétés: moins efficace que le savon noir pour le nettoyage de la maison. Idéal pour le linge. Antiseptique.

Alternative: il peut souvent être remplacé par des plantes à saponines comme les coques de « noix de lavage ». Ces noix proviennent d'arbres du genre Sapindus, très répandus en Asie, en particulier en Inde et au Népal.

Le savon liquide (base neutre)

Il est dit neutre car il ne contient pas de principes actifs et n'a pas d'usage défini. Il est donc polyvalent. Il se trouve en épicerie bio et droguerie.

Quand je n'en trouve pas, je prends simplement du liquide vaisselle écologique concentré.

Les savons détachants

Les savons détachants sont des savons auxquels on a ajouté un corps émulsionnant les graisses (carbonate de soude, fiel de bœuf, saponines), des dissolvants (essence de térébenthine) ou des poudres absorbantes (argile, blanc d'Espagne et autres craies). Ils se présentent la plupart du temps sous forme de savonnettes et durent très longtemps. Le plus facile à trouver est le savon au fiel (en épicerie bio).

LE PERCARBONATE DE SOUDE

Je l'utilise essentiellement pour blanchir et détacher le linge et le conserve dans un bocal en verre étiqueté près de la machine à laver.

Autres noms: percarbonate de sodium, sels blanchissants, sels détachants, oxygène actif, 2NA2CO3.3H2O2.

Attention: instable à la chaleur (à partir de 50°C) et à l'humidité, ce qui peut favoriser le départ et l'entretien d'incendie. Il peut décolorer certains textiles.

Apparence: poudre granuleuse blanche.

Fabrication: à partir de carbonate de soude et d'eau oxygénée.

Propriétés: détachant, blanchissant.

Coût: variable, environ 5 € les 500 g.

Consommation pour un ménage de 2 personnes: moins de 100 g par mois.

Où le trouver: droguerie, magasin bio, certaines grandes surfaces.

Alternative: il peut être remplacé par de l'eau oxygénée.

LE SEL – NACL

Le sel de cuisine (sel fin ou gros sel selon l'usage) est bactériostatique, abrasif et antigel. Il détache, décape, désodorise, absorbe, assouplit le linge et fixe les couleurs.

L'HUILE D'OLIVE

L'huile d'olive (ou une autre huile végétale de bonne qualité) nourrit et fait briller les meubles en bois. Détache les traces de cirage, cambouis et résine.

Le jus de citron	Décolore, ravive l'émail et la pierre ; mais pour celle-ci faites un essai sur une petite surface.
Le marc de café	Dégraisse, désodorise, nettoie, ravive les couleurs foncées et le cuir.
Les argiles et la terre de Sommières	Absorbent et sont abrasives. L'argile blanche est la plus douce.
Le blanc d'Espagne (blanc de Meudon)	Absorbe, fait briller, abrasif doux. On en trouve aussi dans les magasins d'art graphique ou de bricolage (rayon peinture, pigments). C'est en fait du carbonate de calcium (de la craie).
La poudre de pierre ponce	Abrasive. On peut aussi réduire soi-même une pierre ponce en poudre. Elle peut être trop abrasive pour certaines matières, penser à faire un test sur une petite surface au préalable. On peut la mélanger à du savon noir pour éliminer le cambouis sur les mains.
Pommes de terre	L'eau de cuisson de pommes de terre (ou juste des épluchures) supprime les traces de calcaire d'une casserole, d'une bouilloire ou d'un verre et nettoie l'argenterie.

Les cendres végétales (récupérées dans sa cheminée par exemple)	Elles contiennent de la potasse, du carbonate de potassium, de la soude et du carbonate de soude en quantité variable selon l'origine et l'espèce végétale. Ces substances sont libérées en laissant macérer les cendres dans de l'eau un minimum de 12 heures. La solution, filtrée, peut ensuite être utilisée comme produit de lessive, détachant ou nettoyant. Attention, cette solution est irritante.
L'eau oxygénée	Décolore, désodorise, désinfecte, à utiliser en petite quantité et en solution diluée.
Plantes à saponines (saponaire, coques de noix de lavage, lierre etc.)	Les saponines sont des détergents naturels qui peuvent remplacer le savon. On fait une décoction pour obtenir, après filtration, une eau savonneuse utilisée pour la vaisselle, le lavage des sols ou du linge. Les noix de lavage peuvent s'utiliser dans un petit sachet directement dans la machine à laver le linge.
Glycérine	Antistatique, évite les buées sur les miroir, améliore l'onctuosité des produits à base de poudre, solvant de certaines taches, assouplit les tissus. La glycérine se présente sous forme d'un liquide transparent un peu visqueux. C'est un composant naturel des corps gras.
Acide citrique	Cet acide naturel présenté en poudre peut remplacer le vinaigre d'alcool. C'est notamment un bon détartrant pour l'émail. Il sert de fongicide et bactéricide. Attention, il peut irriter les muqueuses et provoquer des allergies. Le jus de citron est une alternative.

Le
matériel

LES INDISPENSABLES

LAVETTES ET SERPILLIÈRES EN MICROFIBRE

Les microfibres remplacent avantageusement chiffons et torchons classiques et font bien mieux que les lingettes jetables. Elles sont en fibres synthétiques mais leur utilisation pour le ménage écologique est une véritable révolution. Légères, souples, très résistantes et très absorbantes, elles attirent et retiennent la saleté et les bactéries. Sèches elles dépoussièrent, humides elles dégraissent. Elles permettent de réduire les quantités de détergent et d'eau utilisées, voire de s'en passer. On en trouve dans tous les supermarchés. Elles sont lavables en machine.

ÉPONGES VÉGÉTALES

Elles sont lavables plusieurs fois en machine, dans un petit filet.

TORCHONS À VAISSELLE (ESSUIES)

En lin ou en coton.

SEAUX

Un petit et un grand.

RACLETTE

BALAIS

Balai en « soie » c'est-à-dire à poils souples et, éventuellement, un « balai-mop » dont on remplace les lingettes jetables par une lavette microfibre.

PELLE À POUSSIÈRE (RAMASSETTE)

BROSSE À DENTS ET BROSSE À ONGLES

BALLES DE GOLF

Des balles de tennis ou des balles de lavage font aussi l'affaire.

Je les utilise pour augmenter l'efficacité du lavage en machine.

ASPIRATEUR

Indispensable si on a de la moquette.

POUR LA PRÉPARATION DES PRODUITS

BIDONS DE LESSIVE LIQUIDE VIDES ET PROPRES

Ou autre contenant opaque de minimum 2 litres.

Pour plus de facilité, terminez et gardez les bidons et les flacons de vos anciens produits.

FLACONS DE LIQUIDE VAISSELLE VIDES ET PROPRES

Ou autre contenant de minimum 500 ml avec bouchon verseur.

VAPORISATEURS DE RÉCUPÉRATION

Dont un de 50 ml pour le produit d'entretien des meubles.

PETIT POT

SAUPOUDREUR

Les salières et les pots pour épices sont parfaits pour l'utilisation quotidienne du bicarbonate ou de la poudre à récurer.

BOCAUX AVEC COUVERCLE

De 500 g ou 1 kg.

ENTONNOIR

LES UTILES

Pour vous faciliter l'existence et éviter les confusions, je conseille de bien étiqueter vos produits.

ÉTIQUETTES

PEAU DE CHAMOIS

Synthétique si possible, ou naturelle mais dans ce cas prenez-en grand soin afin de la conserver longtemps.

CHIFFONS

Morceaux de vieux draps ou de T-shirt en coton.

PAPIER JOURNAL

Pour vitres et miroirs.

PLUMEAU EN MICROFIBRE

GANTS DE MÉNAGE

Le Matériel
MESURES ET EQUIVALENCES

Les recettes présentées ne nécessitent pas de laboratoire de chimie, ni de balance de précision. Comme en cuisine, le « pifomètre » est la règle. Voici néanmoins quelques équivalences utiles tout en se rappelant qu'elles sont très variables en fonction de la densité et de la viscosité des liquides ou de la granulométrie des poudres. Par exemple, à volume égal, le poids de l'eau est supérieur à celui de l'huile.

	Liquides	Poudres
1 cuillère à soupe (cs)	15 ml	5 à 18 g
1 cuillère à café (cc)	5 ml	2,5 à 10 g
1 verre à eau classique	150 ml	+/- 150 g
1 petit pot de yaourt	150 ml	+/- 150 g
1 pincée	-	3 à 5 g

	Volume	Poids
20 gouttes d'eau	1 ml	1 g
50 gouttes d'huile essentielle	un peu plus d'1 ml	1 g
40 gouttes d'huile	un peu plus d'1 ml	1 g

Les gouttes sont celles d'un compte-gouttes officinal.

Les produits à fabriquer à l'avance

LE « DÉSINFECTANT » MULTIUSAGE

Matériel : bidon opaque de 2 litres, entonnoir, cuillère à soupe (CS), verre.

Ingrédients : bicarbonate de soude, vinaigre blanc (ou alcool), huile essentielle, eau.

Recette (dans l'ordre) :

- 2 CS de bicarbonate de soude (plus facile à transvaser avec un entonnoir).
- 2 litres d'eau chaude, mélanger.
- Préparer dans un verre 1 CS de vinaigre blanc et 1 à 3 CS d'un mélange d'HE (composé par exemple d'1 CS de citron, d'1 CS de pin et d'1 CS de tea tree et de cannelle).
- Verser dans le bidon (avec un entonnoir).

- Fermer le bouchon et agiter doucement.

Utilisation: bien secouer à chaque utilisation. Il s'utilise pur sur une éponge pour les surfaces à désinfecter (plan de travail, poubelles par exemple). Ne pas rincer. Il est à la base du nettoyant multiusage et est également ajouté à de nombreuses recettes de nettoyage. Ce produit est assez cher en raison de la grande quantité d'huiles essentielles qu'il contient. Il peut cependant durer plusieurs mois.

Tout comme l'eau de Javel, ce produit ne nettoie pas, il désinfecte (et sent très bon !). Je l'utilise seul, essentiellement pour les toilettes, les poubelles et les plans de travail.

LE NETTOYANT MULTIUSAGE

A l'inverse du « désinfectant » multiusage, ce produit nettoie grâce au savon qu'il contient, mais il doit obligatoirement être rincé. Il me sert à tout, aussi bien à la cuisine qu'au salon ou à la salle de bains.

Matériel: vaporisateur de 500 ml, entonnoir, cuillère à café (CC).

Ingrédients: « désinfectant » multiusage, savon liquide (ou savon noir, liquide vaisselle concentré).

Recette:

- Remplir le vaporisateur de « désinfectant » multi-usage.
- Ajouter 1 à 3 CC de savon liquide.

Utilisation: vaporiser sur la surface à nettoyer ou directement sur l'éponge, éponger, rincer.

LE LIQUIDE VAISSELLE

Ce produit très liquide mousse relativement peu mais il est suffisamment efficace grâce au bicarbonate de soude. Si vous lavez à la main des plats gras, il peut être nécessaire d'augmenter légèrement la proportion de savon liquide.

Matériel : flacon de 500 ml, entonnoir, cuillère à café (CC), cuillère à soupe (CS).

Ingrédients : bicarbonate de soude, savon liquide ou savon noir, liquide vaisselle écologique, saponines, HE (citron, pin, menthe…), eau.

Recette :

- 1 CC de bicarbonate de soude.
- 1/6 à 1/4 du flacon : savon liquide (selon sa concentration de départ) ou savon noir, à condition d'être sûr de sa composition (certains savons noirs pour entretenir les sols contiennent des produits toxiques).
À défaut, 1 CS de cristaux de soude (ne mousse pas).
- 15 à 20 gouttes d'HE.
- Agiter doucement pour éviter les débordements.
- Compléter avec de l'eau.

LES PRODUITS À RÉCURER

Les produits à récurer sont indispensables pour éliminer les taches tenaces et incrustées sans rayer les surfaces. J'utilise la pierre récurante, très pratique pour le nettoyage de l'évier, de la robinetterie, des plans de travail, de la vitrocéramique, ou encore des casseroles.

LA POUDRE À RÉCURER « VITE FAIT-BIEN FAIT »

Saupoudrer la surface à récurer de bicarbonate et frotter avec une éponge humide sur laquelle on aura versé un peu du liquide vaisselle. Vous pouvez également utiliser du sel sur des surfaces non fragiles.

LA POUDRE À RÉCURER « QUI RIGOLE PAS »

C'est une poudre pour les taches plus coriaces, qui convient pour toutes les surfaces.

Matériel: bocal avec bouchon saupoudreur, cuillère à soupe (CS).

Ingrédients : bicarbonate de soude, blanc d'Espagne (ou argile blanche), savon de Marseille en paillettes, HE (citron, pin, menthe…). Facultatif : poudre de pierre ponce, cendres. Attention, la pierre ponce est à éviter sur les surfaces fragiles.

Recette :

- 1 mesure et 1/2 de blanc d'Espagne ou d'argile blanche.
- HE (dosage en fonction du volume total, pour un flacon d'épices : environ 5 gouttes).
- 1 mesure de bicarbonate.
- 1/2 mesure de poudre de pierre ponce ou de cendres de bois.
- 1 mesure de savon en paillettes réduit en poudre au mixer.
- Bien mélanger à la cuillère ou à la main.
- Verser dans le bocal.

Utilisation : saupoudrer la surface à récurer (ou l'éponge), frotter, rincer.

LA PIERRE RÉCURANTE

C'est à peu de chose près la même recette. La pierre récurante est en fait l'équivalent de la pierre d'argile du commerce.

Matériel: pot opaque plus large que haut, cuillère à soupe (CS).

Ingrédients: bicarbonate de soude, blanc d'Espagne (ou argile blanche), savon liquide (ou liquide vaisselle écologique), HE (citron, pin, menthe…), eau.
Facultatif : poudre de pierre ponce.

Recette:
- 1 mesure et demie de blanc d'Espagne.
- HE (dosage en fonction du volume total, pour un pot de 30 g : environ 10 gouttes).
- 1 mesure de bicarbonate.
- 1/2 mesure de poudre de pierre ponce.
- 1 mesure de savon liquide.
- Bien mélanger à la cuillère ou à la main.

- Rajouter un peu d'eau, mélanger doucement, remplir le pot à ras bord.
- Laisser sécher au soleil ou près d'un radiateur.

Utilisation: frotter une éponge sur le produit puis la surface à récurer.

Variante: Il est possible de faire une crème à récurer plus onctueuse avec une plus grande quantité d'eau et une à deux cuillères à soupe de glycérine. On peut aussi utiliser un agent gélifiant comme l'agar-agar. Amener l'eau et l'agar-agar à ébullition. Hors du feu, y ajouter les ingrédients peu à peu en mélangeant. Y incorporer les HE quand la température est descendue sous les 40°C, mettre en pot (ou en flacon selon la consistance).

LE NETTOYANT WC

Matériel : vaporisateur de 500 ml, cuillère à café (CC), entonnoir.

Ingrédients : vinaigre blanc, huile essentielle (HE), eau. Facultatif : savon liquide.

Recette :
- 1/3 de vinaigre.
- 2/3 d'eau.
- 1 cc de savon liquide.
- 2 CC d'HE de tea tree ou autre, par exemple pamplemousse 30 %, citron 20 %, lavandin 20 %, pin douglas 20 %, eucalyptus radié 10 % (désodorisant et assainissant).

Utilisation : vaporiser sur les parois, laisser agir 15 à 20 minutes, brosser.

Variante : Il est possible de faire un gel qui adhère aux parois avec un agent gélifiant comme l'agar-agar. Amener l'eau vinaigrée et l'agar-agar à ébullition, réduire jusqu'à la consistance souhaitée, incorporer les HE quand la température est descendue sous les 40°C, ajouter le savon, verser dans un flacon de gel WC vide et propre.

LE PRODUIT D'ENTRETIEN DES MEUBLES EN BOIS

Matériel: petit vaporisateur (50 ml) impérativement opaque, cuillère à soupe (CS), entonnoir.

Ingrédients: jus de citron (idéalement bio, en bouteille) ou vinaigre blanc, huile d'olive, HE de citron.

Recette:
- 5 CS de jus de citron ou de vinaigre.
- 5 CS d'huile d'olive.
- 15 gouttes d'HE de citron.

Utilisation: vaporiser un peu de produit sur la surface à traiter, frotter avec un chiffon doux.

LE PRODUIT D'ENTRETIEN DE LA PLOMBERIE

Matériel : bocal ou bidon (500 ml), verre (250 ml), cuillère à soupe (CS).

Ingrédients : bicarbonate de soude, sel fin.

Recette : verser 1 verre de bicarbonate et 1 verre de sel fin dans le bocal. Agiter.

Utilisation : toutes les semaines, mettre 3 CS du mélange dans la tuyauterie, faire suivre d'eau bouillante vinaigrée. Certains suggèrent de verser du marc de café. C'est efficace (surtout contre les odeurs), **mais** il existe un risque réel de bouchon dans les canalisations qui seraient déjà en partie bouchées ou dont les courbes seraient mal conçues.

La Cuisine

La Cuisine

CUISINIÈRE, HOTTE et FOUR

Nettoyer **LA CUISINIÈRE** (gaz, électricité, plaques, vitrocéramique) avec la poudre à récurer, la pierre récurante, du savon noir ou une *pâte de bicarbonate**. Rincer et passer une lavette microfibre.

Faire tremper **LES BRÛLEURS** de la cuisinière dans du vinaigre blanc (plusieurs heures si nécessaire).

Nettoyer **LA HOTTE** avec du savon noir ou une solution d'eau et de cristaux de soude.

Nettoyer **LE FOUR** et le four à micro-ondes avec du savon noir ou une *pâte de bicarbonate**.

* *J'obtiens la pâte de bicarbonate en mélangeant un peu d'eau au bicarbonate saupoudré sur la surface à nettoyer.*

Pour **LE MICRO-ONDES,** vous pouvez aussi y placer un bol de vinaigre ou de jus de citron, le faire chauffer quelques instants et une fois le produit en partie évaporé, passer une éponge sur les parois humides. Passer la lavette microfibre.

Si des saletés sont incrustées dans **LE BAS DU FOUR,** le saupoudrer avec du bicarbonate de soude et le vaporiser d'eau pour qu'il soit bien mouillé.
Le lendemain, gratter à l'aide d'une spatule. Passer l'éponge et bien rincer le four. Passer la lavette microfibre.

Si le four est très gras et qu'il y a beaucoup de saletés incrustées, utiliser la même méthode mais avec du bicarbonate ET des cristaux de soude (2/3 bicarbonate et 1/3 cristaux de soude). C'est radical.

ÉVIER ET ROBINETTERIE

Verser un peu de liquide vaisselle sur une éponge humidifiée sur laquelle vous saupoudrez du bicarbonate de soude, ou utiliser uniquement la poudre ou la pierre récurante. Rincer. Sécher à la lavette microfibre.

Détartrer régulièrement le bec du mélangeur en le dévissant et en le faisant tremper dans de l'eau vinaigrée (minimum 50/50) et chaude. À la base de la robinetterie (là où l'eau stagne souvent), placer un peu de papier toilette ou de papier ménage (essuie-tout) imbibé de vinaigre pendant au moins 20 minutes, passer l'éponge. Gratter éventuellement avec une spatule en bois. Rincer.

Pour les éviers blancs en émail, les blanchir en les frottant avec du jus de citron ou du percarbonate de soude.

La Cuisine
DÉSODORISER

Faire bouillir de l'eau vinaigrée dans une casserole couverte. Puis laisser la casserole découverte au moins une heure au centre de la pièce. Une coupelle de bicarbonate ou d'argile placée au centre de la pièce, si cette dernière n'est pas trop grande, est aussi une solution, mais plus lente.

La Cuisine
PLACARDS

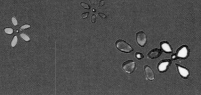

Nettoyer avec du « désinfectant » multiusage pur. Sécher sans rincer avec la lavette microfibre.

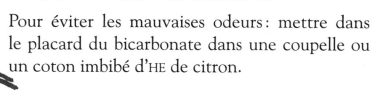

Pour éviter les mauvaises odeurs : mettre dans le placard du bicarbonate dans une coupelle ou un coton imbibé d'HE de citron.

PLANS DE TRAVAIL

Passer une éponge avec du nettoyant multiusage pur. Rincer. Sécher avec une lavette microfibre.

S'il y a des traces tenaces, passer une éponge avec de la poudre ou de la pierre récurante. Rincer. Sécher avec une lavette microfibre.

Sur des matières comme le marbre ou la pierre, il est conseillé de faire un essai sur une petite surface.

PLOMBERIE

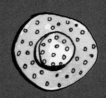

Bien sûr ceci concerne aussi la salle de bains !

Il est absolument indispensable d'avoir une crépine ou bonde (en plastique blanc ou en métal souvent) au fond de la baignoire/douche, des lavabos et éviers pour récolter le plus de saletés possible, résidus alimentaires, cheveux, savon etc. À vider régulièrement bien sûr.

L'ENTRETIEN HEBDOMADAIRE

Contre les bouchons et les odeurs, mettre 3 cs du produit d'entretien de la plomberie (mélange sel/bicarbonate) dans la tuyauterie, faire suivre d'eau bouillante si possible vinaigrée.

LE DÉBOUCHAGE

Essayer d'abord la ventouse (ne pas oublier de boucher le trou du trop-plein). Si c'est toujours bouché et si vous avez un siphon pratique: dévisser la partie inférieure, vider, rincer, revisser.

Si le bouchon n'était pas à ce niveau, verser 1 verre de bicarbonate (ou 1 poignée de cristaux de soude, un peu plus efficaces dans ce cas), 1 verre de sel, 1 verre de vinaigre, « ventouser » pour remuer le mélange, attendre 30 minutes, verser de l'eau bouillante, « ventouser ».

Si c'est toujours bouché, il faut faire passer un furet en démontant le siphon. Si cela ne marche toujours pas, faire appel à un plombier. **Ne jamais utiliser de déboucheurs chimiques** aux acides sulfurique ou chlorhydrique, surtout si vous utilisez de l'eau de Javel : ce mélange produit une réaction qui dégage des gazs très toxiques.*

*C'est le cas aussi avec du vinaigre (ou de l'acide citrique), c'est la réaction acide + eau de javel qui provoque la réaction.

POBELLES

Nettoyer avec du vinaigre chaud, rincer, passer une éponge avec du « désinfectant » multiusage pur sans rincer. Mettre 2 grosses CS de bicarbonate au fond pour éviter les odeurs.

RÉFRIGÉRATEURS et CONGÉLATEURS

Pour un réfrigérateur entretenu normalement, le nettoyage se fait simplement une à deux fois par mois dans tous les recoins, parois comprises, au vinaigre chaud ou au jus de citron (on peut y ajouter une cuillère à café de « désinfectant » multiusage). Contre les odeurs, y placer une coupelle de bicarbonate ou d'argile.

LE DÉCRASSAGE

• Débrancher puis vider le frigo. Démonter toutes les parties amovibles du réfrigérateur/congélateur (les laver de la même manière que le reste, insister dans tous les recoins).

- Mettre 1 bonne cuillère à soupe de cristaux de soude et 1 bouchon de «désinfectant» multiusage dans un petit seau d'eau chaude.

- Nettoyer tout (et penser aux joints et aux rainures des joints) avec l'éponge et le produit jusqu'à ce qu'il n'y ait plus aucune trace (avec les cristaux de soude, pas besoin de beaucoup d'huile de coude).

- Rincer.

- Repasser un coup d'éponge imbibée de «désinfectant» multiusage. Ne pas rincer.

- Le lendemain, repasser un coup d'éponge avec un peu de vinaigre.

- Sécher avec la lavette microfibre. Laisser les portes ouvertes pour sécher entièrement.

La Cuisine
VAISSELLE

Mettre le bouchon afin de remplir d'eau chaude les 2 éviers.
Faire la vaisselle à l'eau courante peut vous faire consommer facilement jusqu'à 200 litres d'eau par vaisselle !

Verser le liquide vaisselle sous le robinet quand le bac se remplit. Verser un filet de vinaigre dans le bac de rinçage. Faire la vaisselle comme d'habitude.

Utiliser au besoin la poudre ou la pierre récurante. Pour les assiettes et les plats très gras, saupoudrer de la farine périmée en quantité suffisante, bien l'étaler puis la jeter à la poubelle ou au compost. Ajouter éventuellement quelques gouttes de savon liquide ou de liquide vaisselle concentré sur l'éponge au moment de frotter la vaisselle.

BOUILLOIRES, CAFETIÈRES ETC.

Pour détartrer, faire bouillir (ou passer) de l'eau additionnée de vinaigre blanc (50/50). Éviter le vinaigre pur qui peut être trop agressif pour certains plastiques.

Je récupère ensuite l'eau vinaigrée pour détartrer les douchettes et la robinetterie ou encore la cuvette des toilettes.

« CULS DE CASSEROLES »

Faire tremper dans de l'eau vinaigrée pendant une nuit.
Pour polir le métal en général, utiliser :

- un mélange bicarbonate + cendre + eau jusqu'à obtention d'une consistance de pâte
- ou un mélange de vinaigre + sel + farine.

Frotter avec une éponge. Rincer.

FONDS DE CASSEROLES BRÛLÉS

Juste après la cuisson : un peu de vinaigre et de sel.
Laisser tremper.
Sinon, faire bouillir pendant 10 min de l'eau avec 2 cs
de bicarbonate ou du vinaigre.

FRITEUSE

Après avoir vidé l'huile dans une bouteille (surtout pas
dans l'évier, cela cause des bouchons et c'est extrêmement
polluant), saupoudrer de farine, bien l'étaler, la jeter à la
poubelle ou au compost, puis essuyer la friteuse à l'éponge.

PLANCHES À DÉCOUPER

Saupoudrer de bicarbonate, frotter, rincer. Si ces planches
servent à découper de la viande, utiliser également le
« désinfectant » multiusage.

PLASTIQUE TACHÉ DE SAUCE TOMATE

Frotter avec de l'huile végétale. Judicieux pour la vaisselle en plastique par exemple, mais aussi la nappe en toile cirée.

THERMOS

Verser de l'eau chaude et 2 cs de bicarbonate (ou des coquilles d'œufs et du vinaigre) et laisser tremper pendant une heure en secouant de temps en temps.

VAISSELLE TACHÉE (thé, café etc.)

Laisser tremper une nuit avec de l'eau et 1 cuillère à café de cristaux de soude.

La Cuisine
LAVE-VAISSELLE

Utiliser le mélange suivant:

- 1 CS de cristaux de soude + 1 CC de savon noir (ou de savon liquide ou une décoction de noix de lavage).

- Remplacer éventuellement l'agent de rinçage pour lave-vaisselle par ¼ de tasse de vinaigre ou d'acide citrique. Il est possible de gélifier le vinaigre ou une solution d'acide citrique avec de l'agar-agar si on préfère un liquide plus épais. On peut cependant tout à fait se passer d'agent de rinçage, mais cela nécessite de sécher la vaisselle à la main.

- Ajouter aussi un « cube magnétique » anticalcaire qui permet une économie d'environ 20 % de détergent pour lave-vaisselle.

On peut les trouver sur le net, dans les foires «bio» ou les magasins spécialisés en sanitaires.

- Le sel régénérant n'est utile que si l'eau est calcaire. On peut aussi prendre du sel pour adoucisseur d'eau.

  Le sel se trouve en grande surfaces ou dans les magasins d'alimentation bio.

- Utiliser les techniques précédentes pour faciliter le nettoyage des plats qui ont attaché.

- Rincer régulièrement le filtre.

La Salle de bains

Mettre une petite poignée de cristaux de soude et le contenu d'un bouchon de « désinfectant » multiusage dans un petit seau d'eau très chaude. Nettoyer à l'éponge, robinetteries comprises.

Bien rincer. Sécher la robinetterie avec une lingette microfibre (ou un collant en nylon roulé en boule).

Une fois sur deux, remplacer les cristaux de soude par 1/2 verre de vinaigre bouillant.

Plusieurs fois par an, frotter L'ÉMAIL DU LAVABO avec un demi-citron (ou avec une pâte de percarbonate de soude et d'eau).

Penser à détartrer régulièrement le BEC DU MÉLANGEUR et LE POMMEAU DE LA DOUCHE en les faisant tremper dans de l'eau vinaigrée (minimum 50/50) et chaude pendant au moins 30 min, jusqu'à ce que le tartre ait disparu.

Astuce: après chaque douche, sécher la robinetterie avec une lavette microfibre (ou un collant en nylon, roulé en boule). Afin d'éviter les traces d'eau et de calcaire.

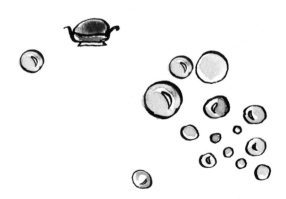

MIROIRS, BROSSES, PEIGNES

 La plupart des brosses (à cheveux et à ongles) peuvent se laver en machine. Les placer dans une chaussette et faire un nœud avant de les mettre dans la machine.

 Sinon faire tremper les brosses et les peignes dans une cuvette d'eau additionnée d'un verre de vinaigre (ou de 2 cuillères à soupe de bicarbonate).

Pour les miroirs :

- nettoyer à l'eau vinaigrée ;
- sécher soit avec une lavette microfibre, soit avec du papier journal roulé en boule ;

Après chaque douche, j'essuie systématiquement la buée sur le miroir avec une lingette microfibre (5 secondes par jour et plus besoin d'entretien régulier).

CALCAIRE INCRUSTÉ

S'il y a des traces de calcaire qui ne partent pas :

- imbiber de vinaigre du papier absorbant ;
- le poser sur la tache. Normalement, il devrait coller ;
- laisser agir quelques minutes à quelques heures puis passer l'éponge et rincer ;
- vous pouvez aussi essayer de frotter avec un mélange d'eau savonneuse et de poudre de pierre ponce mais attention, cela peut rayer l'émail.

La Salle de bains
CARRELAGE

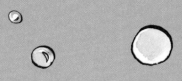

Pour nettoyer les joints, utiliser une brosse à ongles avec le produit indiqué à la page 80, puis rincer.

S'il y a des moisissures : idem + rincer + nettoyer ensuite avec le « désinfectant » multiusage pur et la brosse à ongles. Il peut être utile, selon les HE que vous aurez utilisées pour le désinfectant, de rajouter quelques gouttes d'une HE antifongique (tea tree par exemple).

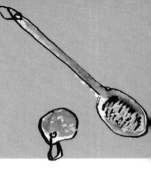

La Salle de bains

PAROIS et
RIDEAUX DE DOUCHE

Pour les parois de douche assez entartrées et en particulier s'il y a aussi des résidus de savon : utiliser une solution concentrée de cristaux de soude (1/2 verre de cristaux pour 2,5 litres d'eau) pour nettoyer le plus gros puis frotter à l'éponge imbibée de vinaigre chaud pur. Ce produit tout simple est vraiment très efficace.

Pour le rideau de douche dans le même état, normalement le laver en machine suffit. Sinon faire tremper dans la baignoire au moins une heure dans de l'eau chaude additionnée de cristaux de soude.

Le Petit
coin

L'ENTRETIEN HEBDOMADAIRE
et LE DÉCRASSAGE

Pour nettoyer l'extérieur de la cuvette, utiliser soit du « désinfectant » multiusage pur, soit le nettoyant WC.

Pour l'intérieur, vaporiser le nettoyant WC sur les parois (ou utiliser la variante gélifiée), laisser agir 15 à 20 minutes et brosser.

Tous les 15 jours verser une poignée de cristaux de soude dilués dans un peu d'eau chaude. Laisser agir au moins 15 minutes. Brosser et tirer la chasse.

TACHES RÉCENTES DANS LE FOND

Normalement, brosser suffit. Sinon, y verser 1 CS de bicarbonate de soude (ou de percarbonate de soude), brosser, tirer la chasse.

TACHES ANCIENNES DANS LE FOND

Verser 2 à 3 CS de cristaux de soude, idem de sel fin, 1 verre de vinaigre, de l'eau bouillante, brosser, laisser agir minimum une heure à toute une nuit, brosser…

Si les taches sont vraiment tenaces, verser du vinaigre bouillant et le laisser toute la nuit. Brosser.

Gratter éventuellement avec une spatule en bois ou en plastique (pas de métal). Il peut être nécessaire de recommencer l'opération plusieurs jours de suite selon l'état du WC.

DÉSODORISANT
et ASSAINISSANT

À chaque passage, pulvériser dans la pièce le nettoyant WC, à condition qu'il ne contienne pas de savon. Pour éliminer les mauvaises odeurs, craquer une allumette.

Pour diffuser une bonne odeur, verser régulièrement quelques gouttes d'un mélange d'huiles essentielles :

- sur de l'argile concassée dans une coupelle ;
- ou sur un galet, fait d'argile blanche et d'eau, séché au soleil (cela se vend aussi tout fait, en argile ou en terre cuite, sous le nom de « diffuseur de poche ») ;
- ou sur un « rond d'ampoule » ;

- ou dans un diffuseur en céramique que l'on ferme avec un bouchon de liège (c'est par ce bouchon que la diffusion se fait).

Exemple de mélange d'huiles essentielles:

HE pamplemousse 30 %,
HE citron 20 %,
HE lavandin 20 %,
HE pin Douglas 20 %,
HE eucalyptus radiata 10 %.

Buanderie
et lessive

LE DÉTACHAGE
AVANT LAVAGE

Il est indéniable que certaines lessives classiques sont très efficaces, et pour cause : elles sont prévues pour traiter toutes sortes de taches. L'une des difficultés de la lessive écologique, quelle qu'elle soit, est le détachage avant lavage. C'est vrai aussi pour certaines taches, avec les lessives industrielles classiques. Le problème se pose pour les taches de nourriture difficiles à enlever ou pour les vêtements d'enfant par exemple.

Le savon au fiel ou le savon noir suffisent pour la plupart des taches. Au pire, tremper le linge dans une solution de cristaux de soude (2 CS pour 2,5 litres d'eau) ou de percarbonate de soude (1 CS pour 2,5 litres d'eau, cela peut varier en fonction du tissu).

LES TACHES DIFFICILES

L'idéal est de traiter la tache de manière appropriée dès que possible. Si vous n'en avez pas le temps, ni l'envie, faites un nœud dans le vêtement pour vous le rappeler lorsque vous mettrez votre linge dans la machine. De très nombreuses taches ne disparaîtront plus si elles ont été « cuites » en machine et/ou au fer à repasser. Il est donc indispensable de détacher avant lavage.

Si vous ne réussissez pas à enlever une tache sur un vêtement, pourquoi ne pas le transformer en utilisant des stylos pour textile et en laissant libre cours à votre imagination à partir de la forme de la tache ? Il est également possible de broder ou coudre par dessus.

Voici quelques techniques pour traiter des taches difficiles :

Tache	Traitement
Graisse et huile	Saupoudrer de blanc d'Espagne, d'argile ou de terre de Sommières.
Transpiration	Frotter avec de l'eau vinaigrée jusqu'à disparition OU utiliser une pâte de bicarbonate et d'eau OU de l'alcool à 70°.
Rouge à lèvres	Alcool à 70° OU mélange d'eau oxygénée à 1/10ᵉ (ou percarbonate) + cristaux de soude.
Fruits en général	Traiter immédiatement à l'eau bouillante (faire passer l'eau au travers du tissu). Sur une tache sèche, essayer le jus de citron ou l'eau vinaigrée, l'eau oxygénée, le percarbonate.
Fruits rouges	Faire tremper dans de l'eau tiède, frotter avec du savon, ne pas rincer et étendre au soleil. Laver ensuite en machine. OU frotter avec du lait ou du yaourt nature.
œuf	Jamais d'eau chaude. Frotter avec de l'eau oxygénée ou une solution de percarbonate.

Tache	Traitement
Vin rouge	Passer immédiatement du vin blanc (puis saupoudrer de sel) ou de l'eau gazeuse sur la tache. OU faire tremper dans de l'eau tiède, savonner, ne pas rincer, et étendre au soleil. Laver ensuite en machine.
Sang	Surtout, jamais d'eau chaude !!! Sur une tache fraîche, tremper et frotter dans un bain d'eau fraîche fortement salée. Sur une tache sèche, tremper 1/2 heure dans un bain d'eau froide additionnée de cristaux de soude et de percarbonate de soude (ou d'eau oxygénée). Sur une tache « cuite » ancienne, essayer de l'eau vinaigrée. Sur un tissu fragile, faire tremper dans un peu d'eau avec un cachet d'aspirine.
Chocolat	Éponger la tache à l'eau tiède savonneuse, décolorer délicatement à l'eau oxygénée. Sur du cacao pur, l'eau savonneuse se révèle inutile.

Thé	Frotter la tache avec du jus de citron (attention aux tissus fragiles, dans ce cas remplacer par du vinaigre). OU de l'eau oxygénée. OU une solution de percarbonate.
Café	Rincer à l'eau froide, frotter à l'eau tiède savonneuse, rincer. OU utiliser de l'eau oxygénée.
Herbe	Tamponner avec du vinaigre.
Roussi	Frotter avec un sucre en morceau. OU avec de l'eau oxygénée.
Humidité et moisissure	Tamponner la tache avec un tissu propre trempé dans du jus de citron salé. Frotter avec du savon de Marseille. Laver à 90 °C (indispensable pour tuer les spores) ou faire bouillir dans une casserole d'eau.
Cirage, cambouis goudron, mazout	Appliquer dès que possible de la matière grasse (beurre, huile, vaseline, lait). Enlever avec un couteau le cambouis qui n'a pas pénétré le tissu. Ramollir le reste en appliquant du beure OU tremper plusieurs fois dans du lait bouillant en pétrissant le tissu. Frotter ensuite la tache

	avec de l'essence de térébenthine, étendre et verser de la poudre de Sommières (ou du blanc d'Espagne ou de l'argile). Laisser en place plusieurs heures et recommencer si nécessaire. OU bain de 12 heures dans de l'eau chaude + savon noir (25 g) + cristaux de soude (15 g) + essence de térébenthine (5 g). Brosser.
Nicotine	Frotter à l'eau froide puis imprégner de glycérine + eau tiède. OU frotter à l'alcool.
Rouille	Presser un jus de citron dessus et saupoudrer de sel, laisser sécher et laver en machine.
Peinture, encre	Faire tremper dans du lait tiède. Remplacer le lait jusqu'à ce que sa couleur ne change plus. Laver à l'eau savonneuse et rincer abondamment. OU frotter avec de l'alcool à 70° min. Sur du coton blanc, il n'y a pas grand chose à faire à part le teindre (ou l'eau de Javel). Essayer aussi éventuellement de l'essence de térébenthine.

LA LESSIVE EN MACHINE

BALLES DE LAVAGE

La saleté part soit de manière mécanique (le tambour qui tourne), soit grâce à l'eau chaude, soit grâce à des produits chimiques, le plus souvent une combinaison des trois (le facteur temps de trempage est aussi important). Si on veut réduire les produits chimiques, il faut en parallèle augmenter l'un ou l'autre facteur.

Les balles de lavage, balles de golf ou balles de tennis, permettent d'augmenter l'action mécanique et d'obtenir un lavage plus performant en brassant et battant le linge comme les lavandières d'autrefois. Le linge sera plus propre et plus doux. Elles permettent aussi de réduire la dose de lessive utilisée.

Utiliser 12 balles de lavage ou de golf, ou bien 5 à 6 balles de tennis par machine (5 kg), directement dans le tambour.

LA LESSIVE AU SAVON DE MARSEILLE

Les dosages conseillés le sont pour une eau dure, réduire les quantités pour une eau douce, les augmenter pour une eau très dure.

- 2 à 3 poignées de savon de Marseille en paillettes (moins s'il est en copeaux) dans le tambour.
- 100 g de cristaux de soude (1 petit verre) dans le tambour (inutile avec de l'eau douce).
- 10 à 12 balles de lavage dans le tambour.
- 2 à 3 cs dans le compartiment de lavage de bicarbonate de soude (lessive couleur) ou de percarbonate de soude (linge blanc).

Pour le linge blanc et délicat, j'ajoute parfois un verre d'eau oxygénée à la dernière eau de rinçage.

- 1 à 2 bouchons de vinaigre à la place de l'adoucissant.
- S'il faut vraiment déjaunir du linge blanc, mettre 4 à 8 gouttes d'encre bleue lavable (encre de stylo plume ou bleu de méthylène) dans le vinaigre.

Il est possible de préparer à l'avance un produit de lessive liquide : faire fondre un mélange de copeaux de savon et de cristaux de soude (environ 200 g) dans 3 litres d'eau, ajouter 15 à 20 gouttes d'huiles essentielles. Verser le tout dans un bidon de lessive de récupération. Bien secouer et utiliser un verre par lessive.

Attention cependant à la qualité du savon utilisé (évitez les savons industriels). La texture et la viscosité du liquide obtenu en dépendent. Certains savons se diluent mal et forment une masse visqueuse impossible à faire sortir du bidon ou provoquant des bouchons de savon à basse température.

LA LESSIVE AU SAVON NOIR

Procéder exactement comme pour la lessive au savon de Marseille en remplaçant celui-ci par le dosage de savon noir indiqué sur l'emballage.

LA LESSIVE AUX COQUES DE NOIX DE LAVAGE

Procéder exactement comme ci-dessus en remplaçant le savon de Marseille par 4 à 8 demi-coques de noix (en fonction de la dureté de l'eau) ou un à deux verres de décoction de coques de noix de lavage.

LA LESSIVE À LA CENDRE (POTASSE)

- Laisser tremper 2 verres de cendre de bois ou de fougère dans un litre d'eau au minimum 24 heures en remuant de temps en temps.
- Filtrer très fin : dans un torchon de cuisine plié

plusieurs fois ou dans un entonnoir muni d'un filtre à café.

- Par lessive, utiliser 2 verres de ce mélange dans le bac à lessive ou dans le tambour.

Pour parfumer le linge, ajouter au dernier rinçage 20 à 30 gouttes d'HE (lavandin, lavande, citron...).
Si vous utilisez un séchoir, mettez plutôt 15 gouttes d'HE sur un mouchoir dans le séchoir.

LE LAVAGE À LA MAIN

Le savon de Marseille, la lessive à la cendre ou l'argile peuvent servir pour le lavage du linge à la main. Les décoctions de plantes à saponines sont particulièrement conseillées pour le linge délicat. Il suffit d'utiliser celles que l'on a sous la main : racines de saponaires ou de luzerne, marrons d'Inde décortiqués, feuilles de lierre, coques de noix de lavage (Sapindus) etc.

Mode opératoire

- Verser 100 g de plantes découpées en morceaux ou mixées dans 2 l d'eau.

  Je les mets dans une étamine lâche pour faciliter le filtrage. J'y ajoute parfois des plantes aromatiques comme la lavande ou la menthe.

- Porter le tout à ébullition pendant 10 à 30 minutes.
- Réduire à feu doux pendant1 heure. Filtrer, utiliser.

  Je conserve mes décoctions maximum 2 jours dans un flacon au frigo.

LE SÉCHAGE

Si possible, préférer le séchage naturel (vent et/ou soleil).

Au séchoir, pour que le linge sente bon : 15 gouttes d'HE (lavande ou lavandin) sur un mouchoir 10 minutes avant la fin.

Pour éviter l'électricité statique dans le séchoir, mettre un linge imbibé de vinaigre. Ou s'humecter les mains de vinaigre pour plier le linge.

LE REPASSAGE

Pour le repassage à la vapeur : 1 litre d'eau déminéralisée + 1 CC de vinaigre blanc et 15 à 20 gouttes d'HE de lavande ou de lavandin. Bien agiter avant de verser dans le fer.

Pour faciliter le repassage de certains tissus, mettre 10 à 15 gouttes HE de lavande ou de lavandin dans un vaporisateur de 200 ml avec de l'eau (par exemple eau filtrée). Bien agiter avant usage.

Pour nettoyer la semelle du fer, la frotter à froid avec un tissu en coton imbibé de vinaigre et trempé dans du sel fin. Puis y passer la lavette microfibre.

Pour détartrer le fer, remplir de vinaigre et le laisser complètement s'évaporer.

L'EMPESAGE

L'amidon protège les fibres contre les salissures et la déformation du linge. Pour remplacer l'amidon du commerce : cuire 50 g de riz par litre d'eau, laisser refroidir, filtrer. Ne se conserve pas.

Pour obtenir un linge souple, le passer dans ce bain d'amidon après le lavage et le laisser sécher complètement avant de le repasser.

Pour avoir un linge plus raide, vaporiser la solution amidonnée et repasser le linge encore humide.

LA TEINTURE

Le linge lavé régulièrement finit par perdre ses couleurs. Une solution pour lui redonner une nouvelle vie est de le teindre. Mais les teintures commerciales sont extrêmement polluantes et toxiques. Heureusement, il existe désormais des teintures écologiques.

Il est aussi possible de les faire soi-même à l'aide de plantes tinctoriales qui permettent d'obtenir des couleurs naturelles, très belles et toujours originales. Certaines s'utilisent seules (plantes riches en tanins telles que le chêne, le noyer, le châtaigner, le thé, le henné…), d'autres ont besoin d'un mordant pour que la couleur persiste. L'alun, les cristaux de soude, les tanins (par exemple, écorce de chêne ou tanins du commerce) et les vinaigres de fruits sont des mordants écologiques.

Les teintures végétales ne peuvent être utilisées que sur des textiles naturels. La laine et la soie se teignent très facilement. Par contre, c'est plus difficile pour le coton. La couleur obtenue sera dans tous les cas souvent instable. Une fois le vêtement teint, mieux vaut le laver à part.

Recette de teinture

Cette technique de base est à adapter en fonction de la plante et du textile à teindre.

- Hacher ou mixer les plantes (prévoir au moins la moitié du poids des vêtements à teindre).

- Les ajouter à un bain de 3 litres d'eau pour 100 g de vêtement.

- Porter à ébullition, couvrir, laisser mijoter 2 heures.

- Filtrer et dissoudre le mordant (si nécessaire) dans le liquide obtenu.

- Faire cuire le vêtement (sans bouillir) dans le bain

en remuant fréquemment jusqu'à obtention de la couleur désirée (qui sera plus claire une fois le vêtement sec).

Rincer (jusqu'à ce que l'eau soit claire) et laisser sécher.

Plante	Couleur
Artichaut (feuilles)	Jaune clair
Bouleau (feuilles)	Jaune brun
Chêne (écorce)	Beige à noir (tanins)
Dahlia	Rose, orange, rouge
Fougère (frondes)	Vert
Henné (poudre)	Orange, marron
Millerpertuis (fleurs)	Jaune, roux, vert
Oignon (pelure)	Jaunes, verts et orange
Persil (feuilles)	Jaune vif
Thé (feuilles)	Rose, beige, jaune (tanins)

Les Sols

LINO, CARRELAGE et PLANCHER VITRIFIÉ

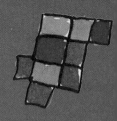

Verser 1 cuillère à soupe de savon noir et un bouchon de « désinfectant » multiusage dans un seau d'eau. Utiliser une serpillière microfibre.

Pour les taches persistantes : mettre sur les taches une pâte composée de 1/3 de bicarbonate de soude, de 2/3 de poudre de pierre ponce et d'eau. Laisser sécher, frotter, puis rincer à l'eau et au savon noir.

Attention au linoléum, faire un essai sur une petite surface au préalable !

PLANCHER HUILÉ ou CIRÉ, SOLS STRATIFIÉS

- Passer l'aspirateur, le balai et/ou une serpillière microfibre sèche + huiler ou cirer 1 fois par an.
- Si nécessaire, solution de savon noir avec une serpillière microfibre à peine humide.
- On peut aussi utiliser un lait nettoyant pour plancher huilé ou ciré de marque écologique.

Pour les sols stratifiés :

- aspirateur ou serpillière microfibre sèche ;
- si nécessaire, serpillière microfibre humidifiée à l'eau claire ;
- savon noir en dernier recours (les sols stratifiés sont fragiles).

Les Meubles

Les Meubles

L'ENTRETIEN DES MEUBLES EN BOIS

Pour entretenir vos meubles, épousseter toujours d'abord avec une lingette microfibre sèche ou un plumeau microfibre.

Pour augmenter l'adhérence à la poussière d'une lingette, microfibre ou non, la faire tremper dans de l'eau additionnée de glycérine et la faire sécher avant utilisation.

Ensuite, éliminer les taches en passant la lingette microfibre sur laquelle vous versez un peu de *liquide vaisselle* (sinon avec de l'eau à peine savonneuse ou du marc de café).

Tous les 15 jours, passer un peu de *produit d'entretien des meubles en bois* sur un chiffon doux.

Les **traces de tasses ou de verres** s'éliminent avec un peu du produit d'entretien des meubles en bois et de cendre (de cigarette par exemple).

Sur un meuble ciré, je passe longuement un bouchon de liège sur les taches laissées par de l'eau.

Vitres, miroirs et écrans

VITRES ET MIROIRS

- Si les vitres ne sont pas très sales, passer simplement une lavette microfibre humide.
- Sinon, nettoyer à l'eau vinaigrée ou à peine savonneuse.
- Passer la raclette.
- Sécher ensuite soit avec une lavette microfibre sèche, soit avec du papier journal roulé en boule.

ÉCRANS

A priori la lavette microfibre suffit, vous pouvez l'humidifier à peine selon l'encrassement.

Éviter l'alcool et les solvants pour les écrans à cristaux liquides.

EN SAVOIR PLUS

Livres

- *Le Larousse ménager*, Éditions Larousse, 1926.
- *Mes trucs pour la maison*, A-M. Peysson, Éditions L'Archipel, 1994 (sorti en poche aux éditions Maxi-Livres, 2004).
- *1001 remèdes naturels*, L. Vukoviv, Éditions Vigot, 2004.
- *Teintures et couleurs naturelles,* C. Willis, Éditions Dessain et Tolra, 2001.
- *Le guide du tout propre*, C. Wayser, Éditions Solar, 2007.

Sur le web

Produits de consommation, toxicité, pollution

- *Vigitox*, Greenpeace.
  www.greenpeace.org/france/vigitox/
- *Appel de Paris*, Déclaration internationale sur les dangers sanitaires de la pollution chimique.
  www.artac.info/static.php?op=AppelPremPage.txt&npds=%

Ménage écologique

- *Le Grand Ménage.*
  raffa.grandmenage.info (site de l'auteur)

- *Guide de référence sur des solutions de rechange aux produits chimiques dangereux.*
  www.gnb.ca/0009/0369/0012

- *Maison propre et jardin vert, Guide d'entretien ménager et de jardinage écologique*, Ville de Montréal.
  www.ville.montreal.qc.ca/pls/portal/docs/page/pes_publications_fr/publications/maison_propre_jardin_vert.pdf

- *Entretenir son habitat*, Ekopédia.
  fr.ekopedia.org/Entretenir_son_habitat

Astuces de nettoyage (pas toujours écologiques)

- *Astuces maison.*
  www.astucesmaison.com

- *Trucs maison.*
  www.trucsmaison.com

- *Tout clean.*
  www.toutclean.com

Teintures végétales:

- *Les fils du temps.*
  lesfilsdutemps.free.fr/lateint.htm

- *Couleur Garance.*
  www.couleurgarance.com

Toutes ces adresses ont été vérifiées en septembre 2008.

TABLE DES MATIÈRES

Table des matières

Chez le même éditeur

Art de vivre

Le savoir-vivre en 365 jours, *Anne t'Serstevens, 2004.*

Le Code Erasme. Retour aux sources du parfait gentleman, *Erasme et cie, 2006.*

Dandys, abécédaire du dandysme et des néodandys, *Valérie d'Alkemade, 2007.*

Éloge du compliment, *Camille de Courtances, 2007.*

Maison de mère en fille, *Patricia de Prelle, 2008.*

1001 cadeaux, *Diane Jooris, Marie-Laure Boulanger, 2008.*

Le temps d'un break

Le Bonheur des Belges, *Anne t'Serstevens et Delphine Brasseur, 2005.*

Inventions Farfelues, *Maurice Collins, 2007.*

Danube Rouge, *Edle Hubay, 2007.*

«Toute ma vie» Sœur Emmanuelle, *Anne t'Serstevens, 2008.*

Alimentation Vive

Croquez la vie. 52 aliments revisités par Pol Grégoire, *Diane de Brouwer, 2006.*

Les 5 piliers de l'Alimentation vive, *Pol Grégoire, Diane de Brouwer, 2008.*

Des choses de la vie

Je veux d'l'Amour, *Diane Drory, 2006.*

Un père, pour quoi faire?, *Diane Drory, 2007.*

La famille idéale...ment!, *Diane Drory, 2007.*

FSC
Mixed Sources
Product group from well-managed
forests and other controlled sources

Cert no. CU-COC-809718-C
www.fsc.org
© 1996 Forest Stewardship Council

Dans un souci de développement durable :
– Ce livre a été imprimé sur un papier Munken Print certifié FSC.
Cette labelisation garantit que le papier est issu de forêts gérées du-
rablement : coupe de bois permettant le respect de la biodiversité,
culture d'essences adpatées aux milieux, respect des droits des popula-
tions locales et des travailleurs forestiers...
– Les encres utilisées pour l'impression sont des encres végétales.
– L'ensemble des déchets produits lors de la production de ce livre sont
recyclés ou éliminés de façon conforme à la réglementation en cours
en Belgique.

Achevé d'imprimer en Belgique en janvier 2009
sur les presses de l'imprimerie les Éditions européennes.

ISBN: 978-2-9600638-8-2
Dépôt légal: D/2009/10444/1